Herausgeber:
Marita Grübl
Nibelungenstr. 15
90513 Zirndorf
Tel. 0911/6002044

m.gruebl@lernen-in-zirndorf.de

Wenn Sie an weiteren Informationen über Applied Scholastics in Deutschland oder an einem Grammatikkurs interessiert sind, melden Sie sich unter Tel. 0911/6002044.

Applied Scholastics und das Applied-Scholastics-Symbol sind Marken im Besitz der Association for Better Living and Education International und werden mit deren Erlaubnis benutzt.

Herstellung und Verlag: BoD – Books on Demand, Norderstedt
ISBN: 9783759767721

MIX
Papier aus verantwortungsvollen Quellen
Paper from responsible sources
FSC® C105338

Vorwort

Dieses Buch entstand aufgrund meiner langjährigen Erfahrungen im Nachhilfe- bzw. Förderunterricht mit Schülern und Erwachsenen.

Immer wieder stellte sich heraus, dass grundlegende Begriffe nicht verstanden waren, wenn ein Fachgebiet Schwierigkeiten machte. So möchte ich Ihnen auch ans Herz legen, dieses Grammatikbuch in der vorgegebenen Reihenfolge zu lesen, da neue Begriffe immer erst erklärt werden und für das Verstehen der darauf folgenden Themen sehr wichtig sind. Dieses Grammatikbuch baut auf das Grammatikbuch über die zehn Wortarten (Teil 1) auf.

Nachdem Grammatik oft als ein trockenes Gebiet angesehen wird, war es mein Anliegen, ein Grammatikbuch zu erstellen, das viele Bilder, einfache Erklärungen und genügend Beispiele enthält, um ein Verständnis der Materie zu erleichtern.

Besonders danken möchte ich L. Ron Hubbard. Seine Forschungen und Erkenntnisse im Bereich des Lehrens und Lernens haben mir ermöglicht, anderen dabei zu helfen, sich Wissen effektiver anzueignen.

Die von L. Ron Hubbard entwickelte Lernmethode wird durch das weltweite Bildungsnetzwerk Applied Scholastics verbreitet. „Applied" bedeutet so viel wie „zur Anwendung gebracht" und „Scholastics" bedeutet in diesem Zusammenhang so viel wie „Bildung". Zusammengesetzt bedeutet es etwa „zur Anwendung gebrachte Bildung". Also etwas lernen, um es praktisch anzuwenden, im Gegensatz zu bloßem theoretischem Wissen.

Ich hoffe, dass Ihnen das vorliegende Buch helfen wird, die wichtigsten Fachbegriffe rund um das Verb und die Zeitformen zu verstehen.

Sollten Sie Probleme beim eigenständigen Durcharbeiten haben, besteht auch die Möglichkeit, einen Grammatikkurs bei einer der Applied-Scholastics-Niederlassungen zu belegen.

Zirndorf, 12. März 2018

Marita Grübl

Deutsche Grammatik in Bildern

In vier aufeinander aufbauenden Teilen wird die deutsche Grammatik einfach erklärt.

Grammatik: Die zehn Wortarten	Die Zeitformen des Verbs	Veränderung der Wortarten	Grammatik: Die Satzglieder

9 783759 766830	9 783759 767721	9 783759 768223	9 783759 768230

Wie kann man sein Wissen vertiefen?

Passende Übungen zum Grammatikbuch mit Lösungteil, einfach den Link eingeben: https://grammatik.maritagruebl.de

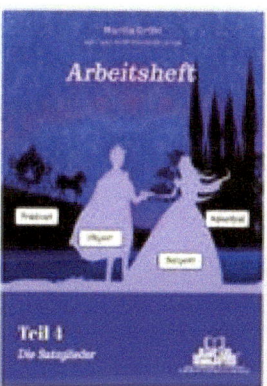

Inhaltsverzeichnis

Abschnitt 1

Grammatik

Grammatik zeigt uns, wie man Wörter richtig benutzt und wie man diese in Sätzen korrekt verbindet, damit andere unsere Gedanken verstehen können. Grammatik gibt die Regeln an, wie eine Sprache zu verwenden ist. Wir benötigen sie buchstäblich jeden Tag.

Abschnitt 2

Das Verb

Gleich nach den Nomen bilden Verben die zweitgrößte Wortgruppe der deutschen Sprache. Jeder Satz braucht ein Verb. Andere Begriffe für Verb sind Zeitwort, Tunwort oder Tätigkeitswort.

Verben haben die Aufgabe, uns über das Wesentliche eines Satzes zu informieren.

Herkunft Verb: lat. verbum = Ausdruck, Zeitwort

<u>Beispiele für Verben:</u>

angeln

einsteigen

unterrichten

klettern

Abschnitt 3

Verschiedene Verbgruppen

Man unterscheidet verschiedene Verbgruppen.

1. Vollverben

Verben, mit denen man eine vollständige Beschreibung einer Handlung, eines Vorgangs oder eines Zustands angeben kann, heißen Vollverben. Sie brauchen keine Hilfe von anderen Wörtern.

<u>Beispiele:</u>

Die Frau **schwitzt**

Die Mechaniker **reparieren** das Auto

2. Hilfsverben

Verben, die den Vollverben helfen verschiedene Zeitformen zu bilden, heißen Hilfsverben. Das sind die Wörter *haben*, *sein* und *werden*.

<u>Beispiele:</u>

Jemand **hat** das Feuer angezündet

Das Baby **ist** eingeschlafen

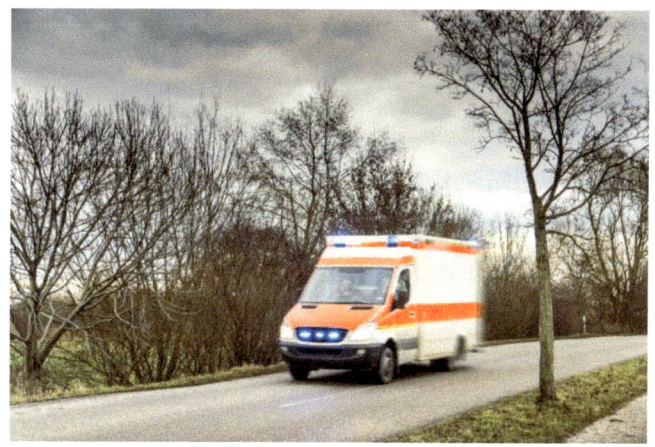

Der Krankenwagen **wird** beim Patienten ankommen

Jemand **hat** das Feuer auf dem Strand **angezündet.**

   ↓   ↓

  Hilfsverb   Vollverb

Das Baby **ist** auf dem Arm der Mutter **eingeschlafen.**

     ↓   ↓

  Hilfsverb   Vollverb

Der Krankenwagen **wird** beim Patienten **ankommen.**

         ↓   ↓

    Hilfsverb   Vollverb

Hilfsverben als Vollverben

Ein Hilfsverb kann auch als Vollverb verwendet werden. In diesem Fall hilft es nicht, eine Zeitform zu bilden, sondern drückt einen Zustand aus.

<u>Beispiele:</u>

Die eine Frau **hat** Übergewicht.

     ↓

  Vollverb

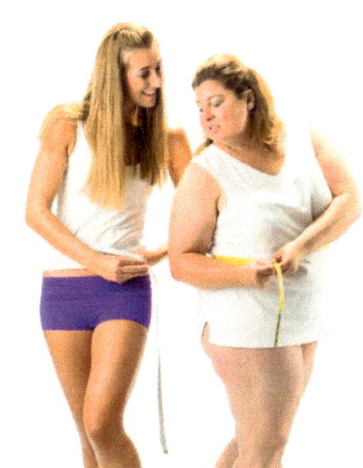

Die andere Frau **ist** schlank.

  ↓

 Vollverb

3. Modalverben

Ein Modalverb ist ein Verb, das die Bedeutung eines anderen Verbs im Satz verändert. Zu den Modalverben gehören **müssen, können, dürfen, sollen, mögen** und **wollen.** Man spricht manchmal auch von modalen Hilfsverben.

Herkunft modal: zu lat. modus = Art und Weise

Modalverben drücken Verschiedenes aus:

Modalverb	Was drückt es aus?
können	Möglichkeit, Fähigkeit
müssen	Zwang, Gebot
sollen	Verpflichtung
dürfen	Erlaubnis
wollen	Bereitschaft, Absicht
mögen	Wunsch, Möglichkeit

Der Student **muss** sich auf die Prüfung vorbereiten

Modalverben verändern die Bedeutung des Verbs

An folgenden Beispielen kann man sehr gut erkennen, wie Modalverben eine Aussage verändern können.

Das Mädchen **soll** Salat **essen.**

Der Junge **mag** Nudeln **essen.**

Das Mädchen **darf** Spaghetti **essen.**

Das Kind **kann** Gemüse **essen.**

Das Kind **muss** Gemüse **essen.**

Das Mädchen **will** das Eis **essen.**

Abschnitt 4

Fachbegriffe rund ums Verb

1. Die Grundform des Verbs (Infinitiv)

Das Verb in seiner unveränderten Form nennt man Grundform des Verbs. Der lateinische Begriff dafür ist Infinitiv. Der Infinitiv endet immer mit **en** oder **n.**

Herkunft Infinitiv: lat. infinitivus = nicht näher bestimmte Zeitwortform

Beispiele: lach**en**, tanz**en**, renn**en**, löffel**n**, feier**n**, spring**en**, hoff**en**, koch**en**

Sucht man die Bedeutung eines Verbs im Wörterbuch, findet man nur den Infinitiv. Möchte also jemand wissen, was das Wort **gab** bedeutet und schaut im Wörterbuch nach, muss er unter dem Stichwort **geben** suchen.

Bildet man Sätze mit Modalverben, wird das Vollverb stets im Infinitiv verwendet.

Beispiele:

Die Frau **kann** Gitarre **spielen.**

     ↓   ↓

  Modalverb   Infinitiv

Der Junge **will** noch **wachsen.**

     ↓   ↓

  Modalverb   Infinitiv

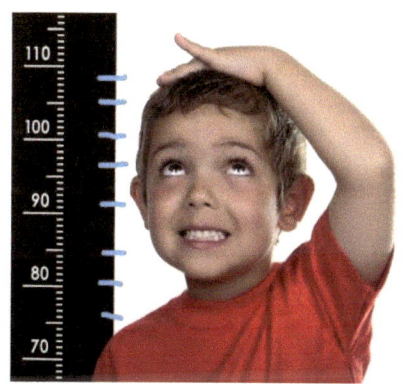

2. Personalform

Möchte man das Verb in einem Satz verwenden, verändert sich das Verb entsprechend der Person.

Man kann nicht sagen: „Du **gehen** zum Supermarkt." Es muss heißen: „Du **gehst** zum Supermarkt." Die veränderte Verbform im Satz nennt man Personalform des Verbs. In dem obigen Beispiel ist das Wort *gehst* eine von mehreren Personalformen des Verbs *gehen*.

Personalformen des Verbs schlafen:

Ich   schlafe

Du   schläfst

Er   schläft

Sie   schläft

Es   schläft

Wir   schlafen

Ihr   schlaft

Sie   schlafen

3. Person und Numerus der Verben

Verben können mit folgenden Personen in Verbindung stehen:

1. Person = die sprechende(n) Person(en)

ich

wir

2. Person = die angesprochene(n) Person(en)

du

ihr

3. Person = Person(en) oder Sache(n), über die man spricht

er/sie/es

sie

Ein Verb im Satz kann ausdrücken, **wer** (Person) etwas macht und ob **einer** (Singular) oder **mehrere** (Plural) etwas tun.

Um auszudrücken, ob bei einem Verb oder Nomen eine Person bzw. ein Ding (Singular) oder mehrere Personen bzw. mehrere Dinge (Plural) gemeint sind, verwendet man den Begriff **Numerus.**

Herkunft Numerus: lat. numerus = (An)zahl, Menge; Teil eines Ganzen

Wenn man den Numerus eines Verbs oder Nomens bestimmen soll, gibt man an, ob es sich um Singular oder Plural handelt.

Einzahl/Singular	Mehrzahl/Plural
1. Person ich spiele	1. Person wir spielen
2. Person du spielst	2. Person ihr spielt
3. Person er/sie/es spielt	3. Person sie spielen

4. Konjugieren

Bildet man einen Satz, muss das Verb in eine bestimmte Form gebracht werden. Je nachdem, was man kommunizieren möchte.

Der Fachausdruck dafür ist konjugieren bzw. beugen.

Herkunft konjugieren: lat. coniugare = verknüpfen, verbinden

Soll es sich um eine Person oder mehrere Personen handeln, in welcher Zeitform soll das Ganze ausgedrückt werden und welche Person bzw. Personen sind betroffen? All dies wird beim Konjugieren eines Verbs berücksichtigt.

Nachfolgend wird das Verb **lachen** konjugiert.

Ich   lache

Du   lachst

Er   lacht

Sie   lacht

Es   lacht

Wir   lachen

Ihr   lacht

Sie   lachen

Hier nun ein paar Beispiele, welche Informationen aus einem Verb heraus-
gelesen werden können:

Du **kochst** mit deiner Mutter.

Informationen:
Eine Person → Singular

Welche Person? → du

Es passiert gerade.

Die Eltern **buchten** den Flug.

Informationen:
Mehrere Personen → Plural

Welche Personen? → sie

Es ist schon vorbei.

5. Tempus (Zeitstufe)

Ein Verb im Satz gibt auch an, zu welchem Zeitpunkt etwas passiert. Man unterscheidet dabei drei Zeitstufen: Vergangenheit, Gegenwart und Zukunft.
Die Zeit, die schon verstrichen ist, nennt man Vergangenheit. Die Gegenwart ist die Zeit, in der man gerade lebt, und die Zukunft beschreibt eine Zeit, die noch kommen wird.

Das Paar hatte ein Baby

Vergangenheit

Dieses Paar besitzt ein Haus

Gegenwart

Die Familie wird ein Haus bauen

Zukunft

Abschnitt 5

Die Zeitform Gegenwart (Präsens)

In der deutschen Sprache gibt es sechs verschiedene Zeitformen, mit denen man Vorkommnisse oder Zustände in der Vergangenheit, Gegenwart oder Zukunft ausdrücken kann.

Wir benutzen die Zeitform Gegenwart (Präsens) hauptsächlich, um über die Gegenwart oder die Zukunft zu sprechen.

Herkunft Präsens: lat. praesens = gegenwärtige Zeit

Bildung des Präsens

Person	Endung	Beispiel
1. Person Singular (ich)	-e	ich schwimme
2. Person Singular (du)	-st	du schwimmst
3. Person Singular (er/sie/es)	-t	er schwimmt
1. Person Plural (wir)	-en	wir schwimmen
2. Person Plural (ihr)	-t	ihr schwimmt
3. Person Plural (sie), Höflichkeitsform (Sie), Sing. o. Plural	-en -en	sie schwimmen Sie schwimmen

Bildung des Präsens von *haben* und *sein*

Person	haben	sein
1. Person Singular (ich)	ich habe	ich bin
2. Person Singular (du)	du hast	du bist
3. Person Singular (er/sie/es)	er hat	er ist
1. Person Plural (wir)	wir haben	wir sind
2. Person Plural (ihr)	ihr habt	ihr seid
3. Person Plural (sie) Höflichkeitsform (Sie), Sing. o. Plural	sie haben Sie haben	sie sind Sie sind

Was kann man mit dem Präsens ausdrücken?

- ## Gegenwärtige Vorgänge

  Das Präsens beschreibt, was gerade im Moment geschieht.

Der Hund schüttelt sich

Sie streiten gerade miteinander

- ## Beschreibung von Tatsachen

Viele Seen gefrieren im Winter zu

Lisa isst gerne Eis

Fische brauchen Wasser als Lebensraum

• Gewohnheiten

Mit dem Präsens kann man auch ausdrücken, dass etwas immer wieder geschieht.

Die Frau geht jeden Tag mit dem Hund joggen

Lisa trinkt morgens immer Tee

Maria liest abends gerne im Bett

Unsere Nachbarn grillen sehr oft im Sommer

• Etwas passiert in der Zukunft

Das Präsens kann aber noch mehr. Man kann damit ausdrücken, dass etwas in der Zukunft geschieht. In diesem Fall müssen aber Wörter wie zum Beispiel **morgen**, **nächste Woche**, **in zwei Tagen** oder **übermorgen** erwähnt werden, sodass klar ist, was gemeint ist.

Morgen fliege ich nach Hause

Wir essen in zwanzig Minuten

• Historisches Präsens

Wenn man etwas lebendig und anschaulich aus der Vergangenheit erzählen möchte, kann man dies auch mit dem Präsens machen. Dieses Präsens nennt man **historisches Präsens.**

Beispiel:

Stell dir vor, was unserer Mannschaft gestern passiert ist. Wir **spielen** Fußball und es **steht** bis kurz vor Schluss 0 : 0. In der letzten Minute **gelingt** es mir noch, ein Tor zu schießen.

Abschnitt 6

Präteritum (1. Vergangenheit)

Für die Zeitstufe Vergangenheit gibt es drei verschiedene Zeitformen. Jede Zeitform hat ihren eigenen Zweck. Die erste Vergangenheit ist eine einfache Zeitstufe und kommt ohne Hilfsverb aus. Sie wird auch Präteritum genannt.

Herkunft Präteritum: lat. praeteritum = vorübergegangene Zeit

Das Präteritum wird hauptsächlich verwendet, um über etwas zu berichten, was in der Vergangenheit schon abgeschlossen ist, und kommt überwiegend im **schriftlichen** Sprachgebrauch vor.

Es wird also für Aufsätze und beim **Aufschreiben** von Erzählungen und Berichten verwendet.

<u>Beispiele:</u>

Letztes Jahr **verbrachten** wir unseren Winterurlaub in den Schweizer Alpen.

Unsere Kinder **machten** einen Skikurs.

Wir **hatten** fantastisches Wetter und viel Spaß.

Am Wochenende **feierte** ich meinen Geburtstag mit meinen Freunden.

Es **gab** meinen Lieblingskuchen und wir **machten** viele lustige Spiele.

Außerdem **bekam** ich ganz tolle Geschenke.

Starke Verben

Bei der Bildung des Präteritums unterscheidet man zwischen sogenannten „starken" und „schwachen" Verben.

Starke Verben sind so „stark", dass sie das Wortinnere verändern, um das Präteritum zu bilden. Starke Verben werden auch **unregelmäßige Verben** genannt.

Beispiele: fahren – fuhr   singen – sang   essen – aß

Bildung des Präteritums von *gehen* und *sprechen*

Person	gehen	sprechen
1. Person Singular (ich)	ich ging	ich sprach
2. Person Singular (du)	du gingst	du sprachst
3. Person Singular (er/sie/es)	er ging	er sprach
1. Person Plural (wir)	wir gingen	wir sprachen
2. Person Plural (ihr)	ihr gingt	ihr spracht
3. Person Plural (sie) Höflichkeitsform (Sie), Sing. o. Plural	sie gingen Sie gingen	sie sprachen Sie sprachen

Bildung des Präteritums von *haben* und *sein*

Person	haben	sein
1. Person Singular (ich)	ich hatte	ich war
2. Person Singular (du)	du hattest	du warst
3. Person Singular (er/sie/es)	er hatte	er war
1. Person Plural (wir)	wir hatten	wir waren
2. Person Plural (ihr)	ihr hattet	ihr wart
3. Person Plural (sie) Höflichkeitsform (Sie), Sing. o. Plural	sie hatten Sie hatten	sie waren Sie waren

Schwache Verben

Schwache Verben sind zu „schwach" um das Wortinnere zu verändern. Sie bilden das Präteritum, indem nur die Endungen verändert werden. Schwache Verben werden auch **regelmäßige Verben** genannt.

Beispiele: lachen – lachte   kochen – kochte   tanzen – tanzte

Bildung des Präteritums von *machen* und *legen*

Person	machen	legen
1. Person Singular (ich)	ich mach**te**	ich leg**te**
2. Person Singular (du)	du mach**test**	du leg**test**
3. Person Singular (er/sie/es)	er mach**te**	er leg**te**
1. Person Plural (wir)	wir mach**ten**	wir leg**ten**
2. Person Plural (ihr)	ihr mach**tet**	ihr leg**tet**
3. Person Plural (sie) Höflichkeitsform (Sie), Sing. o. Plural	sie mach**ten** Sie mach**ten**	sie leg**ten** Sie leg**ten**

Der Junge **machte** seine Hausaufgaben

Abschnitt 7

Perfekt (2. Vergangenheit)

Das Perfekt ist eine zusammengesetzte Zeitstufe und braucht zur Bildung ein Hilfsverb (haben/sein). Eine andere Bezeichnung für Perfekt ist 2. Vergangenheit.

Herkunft Perfekt: lat. perfectum = vollendete Zeit

Bildung des Perfekts

Zur Bildung des Perfekts brauchen wir die Hilfsverben (Erklärung siehe S. 6/7) sein/haben in der Präsensform und das Partizip Perfekt (Erklärung siehe S. 28) des Vollverbs.

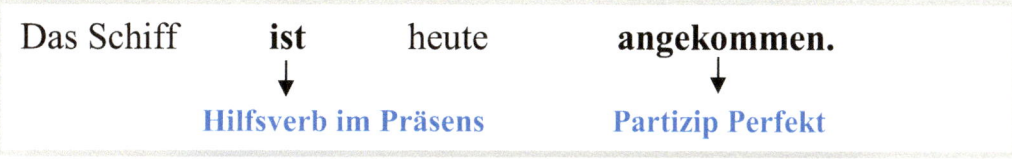

Das Schiff **ist** heute **angekommen.**
　　　　↓　　　　　　　　　↓
Hilfsverb im Präsens　　Partizip Perfekt

Mutter **hat** die Lebensmittel **eingekauft.**
　　　↓　　　　　　　　　　　↓
Hilfsverb im Präsens　　　Partizip Perfekt

Partizip Perfekt

Das Partizip ist eine Verbform. Es nimmt eine Mittelstellung zwischen Verb und Adjektiv ein. Deshalb wird es auch Mittelwort genannt.

Herkunft Partizip: lat. participium, zu: particeps = teilhabend

Das Partizip Perfekt (Mittelwort der Vergangenheit) oder auch Partizip II genannt wird meistens mit der Vorsilbe **ge** gebildet. Wir brauchen das Partizip Perfekt für die Bildung des Perfekts.

Partizip Perfekt mit *ge*

<u>Beispiele:</u>   ich habe <u>ge</u>spielt   ihr seid <u>ge</u>laufen
                du hast <u>ge</u>macht   es hat <u>ge</u>klingelt

<u>Beispielsätze:</u>

Wir haben ein Spiel **gespielt.**

Es hat sehr viel Spaß **gemacht.**

Bei Verben mit abtrennbaren Vorsilben, steht das **ge** beim Partizip Perfekt an zweiter Stelle.

Partizip Perfekt mit *ge* an zweiter Stelle

<u>Beispiele:</u>   ich habe an<u>ge</u>fangen   sie ist an<u>ge</u>kommen
                er hat ein<u>ge</u>kauft   du hast auf<u>ge</u>räumt

<u>Beispielsätze:</u>

Wir haben das Essen **mitgebracht.**

Ihr habt noch nicht **aufgegessen.**

Bei manchen Verben wird das Partizip Perfekt auch ohne **ge** gebildet.

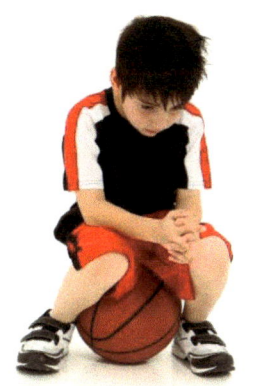

Partizip Perfekt ohne *ge*

<u>**Beispiele:**</u> du hast <u>verloren</u>   er hat <u>empfangen</u>

                  wir haben <u>erzählt</u>   sie waren <u>überrascht</u>

<u>**Beispielsätze:**</u>

Wir haben das Fußballspiel leider **verloren.**

Die Gegner waren von dem Sieg **überrascht.**

Bildung des Perfekts von *haben* und *sein*

Person	haben	sein
1. Person Singular (ich)	ich habe gehabt	ich bin gewesen
2. Person Singular (du)	du hast gehabt	du bist gewesen
3. Person Singular (er/sie/es)	er hat gehabt	er ist gewesen
1. Person Plural (wir)	wir haben gehabt	wir sind gewesen
2. Person Plural (ihr)	ihr habt gehabt	ihr seid gewesen
3. Person Plural (sie) Höflichkeitsform (Sie), Sing. o. Plural	sie haben gehabt Sie haben gehabt	sie sind gewesen Sie sind gewesen

Bildung des Perfekts von *schlafen* und *ankommen*

Person	haben	sein
1. Person Singular (ich)	ich habe geschlafen	ich bin angekommen
2. Person Singular (du)	du hast geschlafen	du bist angekommen
3. Person Singular (er/sie/es)	er hat geschlafen	er ist angekommen
1. Person Plural (wir)	wir haben geschlafen	wir sind angekommen
2. Person Plural (ihr)	ihr habt geschlafen	ihr seid angekommen
3. Person Plural (sie) Höflichkeitsform (Sie), Sing. o. Plural	sie haben geschlafen Sie haben geschlafen	sie sind angekommen Sie sind angekommen

Wann nimmt man das Hilfsverb *sein* für das Perfekt?

Das Hilfsverb **sein** nimmt man zur Perfekt-Bildung:

- bei Verben der Bewegung.

  Beispiele: stürzen, gehen, laufen, fahren, fliegen, kommen, reisen, fallen

  Sie **sind** nach Ägypten **geflogen.**

- bei Verben der Zustandsänderung

  Beispiele: aufwachen, sterben, zerfallen, auftauen, einschlafen

  Das Kind **ist** sehr früh **aufgewacht.**

- bei folgenden Verben

  Beispiele: bleiben, sein, misslingen, geschehen, gelingen

  Die Familie **ist** zu Hause **geblieben.**

Verwendung des Perfekts

Das Perfekt wird vor allem in der **gesprochenen** Sprache benutzt. Man verwendet es, um über Handlungen aus der Vergangenheit zu berichten, die noch Auswirkungen auf die Gegenwart haben. Jemand hat genügend geschlafen, somit hat dies in der Gegenwart zur Folge, dass er ausgeschlafen ist.

Mein Kind hat geschlafen.

Der Sturm hat den Baum entwurzelt.

Der Maler hat heute die Wände gestrichen.

Präteritum in der Alltagssprache

Grundlegend verwenden wir beim Sprechen das Perfekt. Werden allerdings Fakten und Zustände aus der Vergangenheit mit den Wörtern **haben** und **sein** berichtet, verwenden wir meistens das Präteritum.

<u>Beispiel:</u>

Am Abend habe ich meine Freundin angerufen. Wir **hatten** ein sehr schönes Gespräch. Anschließend habe ich eine Tasse Tee vor dem Kamin getrunken. Danach **war** ich sehr müde.

Abschnitt 8

Plusquamperfekt (3. Vergangenheit)

Mit der 3.Vergangenheit (Plusquamperfekt) wird ausgedrückt, dass eine Handlung in der Vergangenheit **vor** einer anderen Handlung passiert ist. Das Plusquamperfekt steht selten allein in einem Satz. Es kommt meistens in einem Satz mit dem Präteritum vor.

Herkunft Plusquamperfekt: spätlat. plusquamperfectum, eigtl. = mehr als vollendet

Beispiele:

14.00 Uhr   15.00 Uhr

Nachdem sie **ausgeschlafen hatte, ging** sie zum Schwimmen

15.10 Uhr   15.15 Uhr

Nachdem ihre Schwester den Teig **geknetet hatte, rollte** sie ihn aus

Bildung des Plusquamperfekts

Zur Bildung des Plusquamperfekts brauchen wir die Hilfsverben (Erklärung siehe S. 6/7) sein/haben im Präteritum und das Partizip Perfekt (Erklärung siehe S. 28) des Vollverbs.

Der Konditor	**hatte**	die Torte gestern	**gemacht.**
	↓		↓
	Hilfsverb im Präteritum		**Partizip Perfekt**

Die Firma	**hatte**	das Haus im Herbst	**fertiggestellt.**
	↓		↓
	Hilfsverb im Präteritum		**Partizip Perfekt**

Bildung des Plusquamperfekts von *haben* und *sein*

Person	haben	sein
1. Person Singular (ich)	ich hatte gehabt	ich war gewesen
2. Person Singular (du)	du hattest gehabt	du warst gewesen
3. Person Singular (er/sie/es)	er hatte gehabt	er war gewesen
1. Person Plural (wir)	wir hatten gehabt	wir waren gewesen
2. Person Plural (ihr)	ihr hattet gehabt	ihr wart gewesen
3. Person Plural (sie) Höflichkeitsform (Sie), Sing. o. Plural	sie hatten gehabt Sie hatten gehabt	sie waren gewesen Sie waren gewesen

Bildung des Plusquamperfekts von *schlafen* und *ankommen*

Person	haben	sein
1. Person Singular (ich)	ich hatte geschlafen	ich war angekommen
2. Person Singular (du)	du hattest geschlafen	du warst angekommen
3. Person Singular (er/sie/es)	er hatte geschlafen	er war angekommen
1. Person Plural (wir)	wir hatten geschlafen	wir waren angekommen
2. Person Plural (ihr)	ihr hattet geschlafen	ihr wart angekommen
3. Person Plural (sie) Höflichkeitsform (Sie), Sing. o. Plural	sie hatten geschlafen Sie hatten geschlafen	sie waren angekommen Sie waren angekommen

Abschnitt 9

Futur I (Zukunft)

Mit der Zeitform Futur I (Zukunft) können wir ausdrücken, dass etwas in der Zukunft geschehen wird. Es liegt also noch vor uns. Zur Bildung des Futur I brauchen wir das Hilfsverb **werden** und das Vollverb im Infinitiv.

Herkunft Futur: lat. futurus = zukünftig

Das Kind **wird** bald im Bett **sein.**

Hilfsverb im Präsens   **Vollverb im Infinitiv**

Die Gäste **werden** in Kürze **eintreffen.**

Hilfsverb im Präsens   **Vollverb im Infinitiv**

Bildung Futur I von *haben* und *sein*

Person	haben	sein
1. Person Singular (ich)	ich **werde** haben	ich **werde** sein
2. Person Singular (du)	du **wirst** haben	du **wirst** sein
3. Person Singular (er/sie/es)	er **wird** haben	er **wird** sein
1. Person Plural (wir)	wir **werden** haben	wir **werden** sein
2. Person Plural (ihr)	ihr **werdet** haben	ihr **werdet** sein
3. Person Plural (sie) Höflichkeitsform (Sie), Sing. o. Plural	sie **werden** haben Sie **werden** haben	sie **werden** sein Sie **werden** sein

Bildung Futur I von *schlafen* und *ankommen*

Person	schlafen	ankommen
1. Person Singular (ich)	ich **werde** schlafen	ich **werde** ankommen
2. Person Singular (du)	du **wirst** schlafen	du **wirst** ankommen
3. Person Singular (er/sie/es)	er **wird** schlafen	er **wird** ankommen
1. Person Plural (wir)	wir **werden** schlafen	wir **werden** ankommen
2. Person Plural (ihr)	ihr **werdet** schlafen	ihr **werdet** ankommen
3. Person Plural (sie) Höflichkeitsform (Sie), Sing. o. Plural	sie **werden** schlafen Sie **werden** schlafen	sie **werden** ankommen Sie **werden** ankommen

Verwendung des Futurs I

Wenn wir Absichten oder Vermutungen für die Zukunft ausdrücken möchten, verwenden wir das Futur I.

- Absichten für die Zukunft

Der Mann **wird** nach München **fliegen**   Ich **werde** etwas Leckeres **kochen**

- Vermutungen für die Zukunft

Der Junge **wird** bestimmt bald **aufwachen**

Wir **werden** hoffentlich viele Früchte im Sommer **ernten**

Mündlicher Sprachgebrach

Im mündlichen Sprachgebrauch wird anstelle des Futurs I oft das Präsens (Erklärung siehe S. 18) verwendet, um auszudrücken, dass etwas in der Zukunft passieren wird. Allerdings müssen dann Zeitangaben wie **bald, in zwei Wochen** oder **später** verwendet werden, um Verwechslungen mit der Gegenwart auszuschließen.

<u>Beispiele:</u>

Wir heiraten <u>in zwei Monaten</u>

<u>Übermorgen</u> ziehen wir ins neue Haus ein

<u>Morgen</u> findet wieder Unterricht statt

Abschnitt 10

Futur II

Mit dem Futur II kann man ausdrücken, dass in der Zukunft eine Handlung schon abgeschlossen sein wird. Es wird eher selten verwendet.

Verwendung Futur II

- Vermutung über eine abgeschlossene Handlung in der Zukunft

Die Familie verbringt ihren Urlaub am Meer und wird morgen wieder nach Hause fliegen.

Vater meint:
„Morgen um diese Zeit **werden** wir schon in Deutschland **gelandet sein.**"

- Vermutung über eine Handlung in der Vergangenheit

Warum strahlen die Kinder denn so?

Sie **werden** wohl die Erlaubnis **bekommen haben,** noch länger draußen spielen zu dürfen.

Warum tröstet Sandra ihre Schwester?

Sie **wird** bestimmt vom Roller **gestürzt sein.**

Bildung Futur II

Zur Bildung des Futurs II benötigen wir eine Form von **werden**, das Partizip Perfekt (siehe Seite 28) des Vollverbs und die Hilfsverben **sein** und **haben** im Infinitiv.

Futur II mit dem Verb *kochen*

Person	kochen
1. Person Singular (ich)	ich werde gekocht haben
2. Person Singular (du)	du wirst gekocht haben
3. Person Singular (er/sie/es)	er wird gekocht haben
1. Person Plural (wir)	wir werden gekocht haben
2. Person Plural (ihr)	ihr werdet gekocht haben
3. Person Plural (sie) Höflichkeitsform (Sie), Sing. o. Plural	sie werden gekocht haben Sie werden gekocht haben

Futur II mit dem Verb *ankommen*

Person	ankommen
1. Person Singular (ich)	ich werde angekommen sein
2. Person Singular (du)	du wirst angekommen sein
3. Person Singular (er/sie/es)	er wird angekommen sein
1. Person Plural (wir)	wir werden angekommen sein
2. Person Plural (ihr)	ihr werdet angekommen sein
3. Person Plural (sie) Höflichkeitsform (Sie), Sing. o. Plural	sie werden angekommen sein Sie werden angekommen sein

Abschnitt 11

Alle Zeitformen im Überblick

Zum Schluss noch ein Überblick über alle Zeitformen anhand der Verben **lernen** und **ankommen**.

Beispiel mit dem Verb *lernen*

Ich lerne Geige.	Präsens
Ich lernte Geige.	Präteritum
Ich habe Geige gelernt.	Perfekt
Ich hatte Geige gelernt.	Plusquamperfekt
Ich werde Geige lernen.	Futur I
Ich werde Geige gelernt haben.	Futur II

Beispiel mit dem Verb *ankommen*

Die Seilbahn kommt an.	Präsens
Die Seilbahn kam an.	Präteritum
Die Seilbahn ist angekommen.	Perfekt
Die Seilbahn war angekommen.	Plusquamperfekt
Die Seilbahn wird ankommen.	Futur I
Sie wird angekommen sein.	Futur II

Konjugation der schwachen Verben im Überblick mit *sein* und *haben*

Hier noch ein Überblick über die Konjugation der schwachen Verben mit **sein** und **haben** für die Zeitformen Präsens, Präteritum, Perfekt und Plusquamperfekt.

Konjugation der schwachen Verben mit *sein*

Präsens	Präteritum	Perfekt	Plusquamperfekt
ich folge	ich folgte	ich bin gefolgt	ich war gefolgt
du folgst	du folgtest	du bist gefolgt	du warst gefolgt
er/sie/es folgt	er/sie/es folgte	er/sie/es ist gefolgt	er/sie/es war gefolgt
wir folgen	wir folgten	wir sind gefolgt	wir waren gefolgt
ihr folgt	ihr folgtet	ihr seid gefolgt	ihr wart gefolgt
sie folgen Sie folgen	sie folgten Sie folgten	sie sind gefolgt Sie sind gefolgt	sie waren gefolgt Sie waren gefolgt

Konjugation der schwachen Verben mit *haben*

Präsens	Präteritum	Perfekt	Plusquamperfekt
ich koche	ich kochte	ich habe gekocht	ich hatte gekocht
du kochst	du kochtest	du hast gekocht	du hattest gekocht
er/sie/es kocht	er/sie/es kochte	er/sie/es hat gekocht	er/sie/es hatte gekocht
wir kochen	wir kochten	wir haben gekocht	wir hatten gekocht
ihr kocht	ihr kochtet	ihr habt gekocht	ihr hattet gekocht
sie kochen Sie kochen	sie kochten Sie kochten	sie haben gekocht Sie haben gekocht	sie üatten gekocht Sie hatten gekocht

Konjugation der starken Verben im Überblick mit *sein* und *haben*

Hier noch ein Überblick über die Konjugation der starken Verben mit **sein** und **haben** für die Zeitformen Präsens, Präteritum, Perfekt und Plusquamperfekt.

Konjugation der starken Verben mit *sein*

Präsens	Präteritum	Perfekt	Plusquamperfekt
ich gehe	ich ging	ich bin gegangen	ich war gegangen
du gehst	du gingst	du bist gegangen	du warst gegangen
er/sie/es geht	er/sie/es ging	er/sie/es ist gegangen	er/sie/es war gegangen
wir gehen	wir gingen	wir sind gegangen	wir waren g gegangen
ihr geht	ihr gingt	ihr seid gegangen	ihr wart gegangen
sie gehen Sie gehen	sie gingen Sie gingen	sie sind gegangen Sie sind gegangen	sie waren gegangen Sie waren gegangen

Konjugation der starken Verben mit *haben*

Präsens	Präteritum	Perfekt	Plusquamperfekt
ich trage	ich trug	ich habe getragen	ich hatte getragen
du trägst	du trugst	du hast getragen	du hattest getragen
er/sie/es trägt	er/sie/es trug	er/sie/es hat getragen	er/sie/es hatte getragen
wir tragen	wir trugen	wir haben getragen	wir hatten getragen
ihr tragt	ihr trugt	ihr habt getragen	ihr hattet getragen
sie tragen Sie tragen	sie trugen Sie trugen	sie haben getragen Sie haben getragen	sie hatten getragen Sie hatten getragen

Abschnitt 12

Partizip Präsens

Das Partizip ist eine Verbform. Es nimmt eine Mittelstellung zwischen Verb und Adjektiv ein. Deshalb wird es auch Mittelwort genannt.

Herkunft Partizip: lat. participium, zu: particeps = teilhabend

Man unterscheidet das Partizip Perfekt (siehe S. 28) und das Partizip Präsens. Das Partizip Präsens (Mittelwort der Gegenwart) wird auch Partizip I genannt.

Bildung Partizip Präsens

Das Partizip Präsens wird gebildet, indem man an den Infinitiv ein -d anhängt.

Beispiele: rennen   →   rennen**d**
                    strahlen   →   strahlen**d**
                    lächeln   →   lächeln**d**
                    springen   →   springen**d**

Lächelnd empfängt sie die Gäste   **Bewundernd** sieht er seine Enkelin an

Verwendung

Finden zwei Handlungen zur gleichen Zeit statt, kann man mit dem Partizip Präsens einen Teil des Satzes verkürzen.

Beispiele: Die Frau, **die lächelt**, begrüßt die Gäste.
                 Lächelnd begrüßt die Frau die Gäste.

                 Das Kind, **das weinte**, lag auf dem Bett.
                 Das **weinende** Kind lag auf dem Bett.

Abschnitt 13

Infinite und finite Verbformen

Infinite Verbformen

Infinite Verbformen sind nicht konjugierte Verben. Man kann also am Verb nicht direkt erkennen, in welcher Person, Zeitform oder Numerus es steht. Es gibt drei infinite Verbformen, nämlich den Infinitiv, Partizip I und Partizip II.

Infinitiv   z. B. lachen, schreiben, rennen, weinen, sitzen

Partizip I   z. B. lachend, strahlend, schreiend, weinend

Partizip II   z. B. gelacht, aufgeräumt, angezogen, hingesetzt

Finite Verbformen

Finite Verbformen sind konjugierte Verben. An ihnen kann man beispielsweise erkennen, in welcher Person das Verb steht, ob es Einzahl oder Mehrzahl ausdrückt oder um welche Zeitform es sich handelt.

Beispiele:

Gestern **fuhr** mein Bruder mit dem Zug nach London.

Informationen aus dem finiten Verb **fuhr**:

Person: 3. Person

Numerus: Singular

Tempus: Präteritum

Wir **essen** heute im Restaurant.

Informationen aus dem finiten Verb **essen**:

Person: 1. Person

Numerus: Plural

Tempus: Präsens

Bildnachweise

S. 2 Kinder am Boden © inesbazdar 123rf.com Nr. 37055373
S. 4 angeln © Dmitriy Shironosov 123rf.com Nr. 7601949
S. 4 einsteigen © Sonya Etchison 123rf.com Nr. 1575224
S. 4 unterrichten © Gennadiy Poznyakov 123rf.com Nr. 39717188
S. 4 klettern © Jean-Marie Guyon 123rf.com Nr. 9981980
S. 5 schwitzen © Peter Bernik 123rf.com Nr.10216078
S. 5 reparieren © 36clicks 123rf.com Nr. 47426062
S. 5 Feuer © Mikhail Nikolaev 123rf.com Nr. 50566792
S. 6 Krankenwagen © Wolfgang Zwanzger 123rf.com Nr. 25267550
S. 6 zwei Frauen © kzenon 123rf.com Nr. 24283624
S. 6 Baby © Marita Grübl
S. 8 Student © Wavebreak Media Ltd 123rf.com Nr.11182383
S. 9 Mädchen mit Gabel © maska82 123rf.com Nr. 18496547
S. 9 Junge isst Nudeln © levranii 123rf.com Nr. 16037195
S. 9 Mädchen Spagetti essen © Erika Cross 123rf.com Nr. 14552704
S. 9 Mädchen kann Gemüse essen © Serhiy Kobyakov 123rf.com Nr. 9609749
S. 9 Mädchen muss Karotten essen © Serhiy Kobyakov 123rf.com Nr. 18693248
S. 9 Kind isst Eis © almgren 123rf.com Nr. 19983400
S. 11 Frau spielt Gitarre © piksel 123rf.com Nr. 13756752
S. 11 Junge © Jose Francisco Jimenez Meca 123rf.com Nr. 10411625
S. 12 Pandabär © silverjohn 123rf.com Nr. 16986283
S. 13 Frau vor Computer © Cathy Yeulet 123rf.com Nr. 42109707
S. 13 Frau mit Baby © Cathy Yeulet 123rf.com Nr. 42109422
S. 13 Fußballtrainer © Cathy Yeulet 123rf.com Nr. 41493572
S. 13 zwei Frauen reden © Anton Gvozdikov 123rf.com Nr. 47345910
S. 13 Spaziergänger © alextype 123rf.com Nr. 50882930
S. 13 Radfahrer © Dmitriy Shironosov 123rf.com Nr. 13037158
S. 15 Mädchen schaukelt © yarruta 123rf.com Nr. 11745897
S. 15 Mutter mit Kind © Iakov Filimonov 123rf.com Nr. 35965051
S. 15 Familie verreist © famveldman 123rf.com Nr. 31615624
S. 16 Traum vom Eigenheim © feverpitched 123rf.com Nr. 42847561
S. 16 Paar mit Fotoalbum © Andriy Popov 123rf.com Nr. 27242136
S. 16 Paar mit Schlüssel © feverpitched 123rf.com Nr. 35575190
S. 19 Hund schüttelt sich © damedeeso 123rf.com Nr. 32316530
S. 19 sich streiten © auremar 123rf.com Nr.10853619
S. 19 gefrorener See © Greg Peterson 123rf.com Nr. 10266250
S. 19 Fische © Pavlo Vakhrushev 123rf.com Nr. 39692210
S. 19 Kind isst Eis © Maryna Pleshkun 123rf.com Nr. 21319573
S. 20 Frau joggt mit Hund © Sergey Nivens 123rf.com Nr. 22101547
S. 20 Frau trinkt Tee © Antonio Guillem 123rf.com Nr.34326647
S. 20 Grillen im Freien © Alexander Raths 123rf.com Nr. 37078324
S. 20 Frau liest im Bett © JarenWicklund 123rf.com Nr. 48473684
S. 21 Liegestuhl am Pool © Galyna Tymonko 123rf.com Nr. 42905829
S. 21 Mutter mit Kind © Oksana Kuzmina 123rf.com Nr. 36834324
S. 21 Fußballtor © Svetlana Gucalo 123rf.com Nr. 6357785
S. 23 Familie in den Bergen © famveldman 123rf.com Nr. 63589831
S. 23 Kindergeburtstag © Denis Raev 123rf.com Nr. 44434031
S. 25 Hausaufgaben machen © goodluz 123rf.com Nr. 31789180
S. 27 Schiffe im Hafen © Worachat Sodsri 123rf.com Nr. 12770016
S. 27 Frau mit Gemüse © Luca Bertolli 123rf.com Nr. 32258516
S. 28 Picknick © Darya Petrenko 123rf.com Nr. 57287592
S. 28 Brettspiel © Filip Fuxa 123rf.com Nr. 12868876
S. 29 Junge auf Fußball © duplass 123rf.com Nr. 9785347
S. 31 Kind mit Kissen © gorillaimages 123rf.com Nr. 3997760
S. 31 entwurzelter Baum © Lawrence Atienza 123rf.com Nr. 20097983
S. 31 gestrichene Wand © Heiko Kverling 123rf.com Nr. 25793158
S. 32 Kamin © Aleksandr Smaglov 123rf.com Nr. 46927077
S. 34 Frau in Hängematte © Antonio Guillem 123rf.com Nr. 32751873
S. 34 Frau schwimmt © Antonio Guillem 123rf.com Nr. 36656229
S. 34 Teig ausrollen © Ingrid Balabanova 123rf.com Nr. 10347716
S. 34 Teig kneten © Ganna Aibetova 123rf.com Nr. 66788581
S. 35 Konditor mit Torte © Olivér Svéd 123rf.com Nr. 13610839
S. 35 Paar vor neuem Haus © gmast3r 123rf.com Nr. 28913119
S. 38 Kind am Fenster © Evgeny Atamanenko 123rf.com Nr. 55011137
S. 38 Festtafel © Ruslan Iefremov 123rf.com Nr. 43871026
S. 40 Mann und Flugzeug © khunaspix 123rf.com Nr. 32760695
S. 40 Frau mit Kochbuch © Francesco Dibartolo 123rf.com Nr. 40432926
S. 40 Junge schläft © Irina Schmidt 123rf.com Nr. 33125277
S. 40 Baumplantage © Filip Fuxa 123rf.com Nr. 13907518
S. 41 Paar Ringe aussuchen © dotshock 123rf.com Nr. 16503775
S. 41 Schlüsselübergabe © Galina Peshkova 123rf.com Nr. 11030781
S. 41 leeres Klassenzimmer © Graham Oliver 123rf.com Nr. 58331890
S. 43 Familie am Strand © Dmitry Travnikov 123rf.com Nr. 40363430
S. 43 Glückliche Kinder © pat138241 123rf.com Nr. 20760442
S. 43 Zwei Mädchen mit Roller © maximkabb 123rf.com Nr. 53859239
S. 44 Blechkuchen © oksix 123rf.com Nr. 9970071
S. 44 Frau liest Buch © Georgii Dolgykh 123rf.com Nr. 29566303
S. 47 Mädchen mit Geige © Ian Allenden 123rf.com Nr. 43055782
S. 47 Seilbahn © Maksym Topchii 123rf.com Nr. 34809678
S. 51 Empfang Hotelgäste © nyul 123rf.com Nr. 22308151
S. 51 Großvater mit Enkelin © Alexander Raths 123rf.com Nr. 13842665
S. 53 Mann steigt in den Zug ein © Cathy Yeulet 123rf.com Nr. 28159465
S. 53 Paar im Restaurant © luckybusiness 123rf.com Nr. 17822287
Cover und Buchrücken (Sanduhr) © bee32 123rf.com Nr. 62385195
Coverdesign: © Christian Stefan